www.ingramcontent.com/pod-product-compliance
Lightning Source LLC
LaVergne TN
LVHW091328150826
845673LV00006B/1803

* 9 7 8 9 9 4 8 7 7 8 3 4 9 *

ضبابٌ يا أبي

يونس أبو سبع

ضبابٌ يا أبي

شعر

إصدارات دائرة الثقافة، حكومة الشارقة 2023 م

الناشر: دائرة الثقافة - حكومة الشارقة - الإمارات العربية المتحدة
الهاتف: 5123333 6 971+
البرّاق: 5123303 6 971+
الموقع الإليكتروني: www.sdc.gov.ae
البريد الإليكتروني: sdc@sdc.gov.ae

الطبعة الأولى 2023

811.962
أ ي . ض
أبو سبع، يونس
ضباب يا أبي / يونس أبو سبع .- الشارقة، الإمارات العربية المتحدة: دائرة الثقافة، 2023.
156 ص؛ 21X14 سم.
1 – الشعر العربي – مصر – دواوين وقصائد
أ – العنوان

ISBN: 978-9948-778-34-9

إهداء

إلى أبي، نورسي الغائب بين السّماء والأرض وخلف الجدار.

إلى أمي التي تطلّ من عينيها البلاد.

إلى أرواح شهداء كثيرين بين جنبيَّ.

إلى حبيبتي التي أسمّيها الحرية.

وإلى الرفيق الظل.

1

– السلامُ عليكَ أبانا، عساكَ بخيرٍ عسانا..

لتُغمِضْ كأنَّكَ في فُسحةٍ من ظلامٍ،

وفي خلوةٍ بالسحابِ الذي لا يمرُّ

لتَنعسْ على هيئةِ النجمِ..

للليلِ بابٌ سندخُلُهُ، خلفَنا بيتُنا ساهراً يتساءَلُ

أما الأمامُ تَثاءبَ من أملٍ أسرفَ النومُ فيهِ

وأسرفتَ دونَ الرجوعِ إلى البَيتِ

أسرفتَ في الحُلمِ لا النَّومِ.

«إن غداً يتشكلُ»

هذا كلامُكَ عن بَلدةٍ سوف تُؤمِنُ.. عن وطنٍ سوف يرجعُ.. عن رحلةِ الغَيمِ..

هذا كلامُكَ، لستَ أسيرَ المزاحِ لتَقبلَهُ، غيرَ أنَّكَ لستَ غبيّاً لتَفهمَهُ..

ليس هذا كلامَكَ، لكنَّها حِيلةُ الأمسِ واليومِ

أو سمِّها – إنْ تَشَا – خِفَّةَ السهمِ.

هذا دمٌ لا قصائدُ!

لستَ هنا أو هناك وأنتَ الفقيدُ المُشاهِدُ..

هذا فمٌ في الكلامِ يُراقُ،

وهذا هو الحُلْمُ.. كانَ جميلاً كقلبِكَ.. صارَ عليلاً بما لا يُطاقُ!

حُبٌّ وحيدٌ يا أبي

حِمْلٌ ثقيلُ!

لا يا إلهي، إنهُ الدربُ الطويلُ..

الأغنياتُ يَصِرنَ أمتعةً وزاداً حُلْوُهُ مُرٌّ

وأكثرُهُ قليلُ..

وأوَدُّ لو أبقى قليلاً

لو أخِفُّ بلحظةٍ قُصوَى وأرحَلُ عن فَمِي..

أنا يا إلهي راغبٌ في الانفجارِ،

ومثلما أنا راغبٌ رؤياكَ

أرغبُ أنْ أرى الأشياءَ تعلو ثم تصفو في يَديكَ..

أريدُ أنْ يُطوَى كتابُ الغيمِ،

لا الغرباءُ لا الموتَى ولا التعبُ الجليلُ.

قدْ كانَ لي شَجَرٌ وبيتٌ

لي أبٌ خلفَ الجدارِ

يَشدُّني من نَظرتي، ويقولُ لي:

مَنْ كانَ خلفَكَ، مَن مَعَكْ؟

مَن حينَ تُهتَ من المَتاهَةِ أرجَعَكْ؟!

– حُبٌّ وحيدٌ يا أبي!

أمي تُحمِّلُني السلامَ عليكَ،

تَحضُنُ في ثيابِكَ صُورةً، وَجهاً ورائحةً،

وتَغزِلُ دَمعَها وخِطابَها..

لا تنتظرْ أحداً سِواها يا أبي!

أما أنا لا أذكرُ التاريخَ في هذي الليالي،

لا أحاولُ أيِّ شيءٍ

غيرَ تَصفِيَةِ الحسابِ مع الهواءِ،

ولا ألومُ بعيدةً أو دونَها..

لا شيءَ يؤسفُني على حالٍ

سِوَى أنَّ الروايةَ قدْ تغيَّرَ أهلُها وبلادُها

ومِزاجُها الصافي..

تبدَّلَت الروايةُ كلُّها – يا لَلغرابةِ والحماقةِ –

وانتَهَى أثرٌ، وأُسدِلَت الستارةُ

لا الحدائقُ لا الخميلُ

ولا الطُّلولُ.

ضبابٌ يا أبي

أُطِلُّ من فكرةٍ عيناايَ فهرسُها،
أمْ من مُفكِّرةٍ ما زلتُ أدرسُها؟

أُطِلُّ من صُورتي فرداً وأُشبِهُني
أمْ من تَصاويرَ شتَّى فيكَ ألمِسُها؟

هذا الصباحُ عُيوني وهْيَ مُشرَعَةٌ
على الوُجودِ، وإنْ أمسَى تَنفُّسُها

ترعاكَ في نَومِها، في الحُلْمِ آمِنَةً
وإذ تُحدِّقُ يرعاها توجُّسُها

تَهفو الرياحُ، وقلبي عُشبةٌ ونَدَى..

فَسيلةٌ بَقِيَتْ، وَحدي سأغرِسُها

فَرَّ الرجالُ، وفَرَّتْ نِسوةٌ مَعَهُم

وقُيِّدَتْ أغنياتٌ كُنتَ تَحرُسُها

بَقِيتُ والبحرُ نَرنُو خِيفَةً

ويداً تَلُوحُ في الأُفْقِ حتى غابَ نَورسُها

لم يَعرفوكَ جميلاً غاوياً ولعاً

أو طائشاً في بلادٍ فاحَ نرجسُها

لم يَعرفوكَ سِوَى اسمٍ ظاهرٍ شَرِسٍ
فَشَبَّت النارُ، والأشجارُ أشرسُها

فَتَحْتَ صدرَكَ للدنيا مُغامَرَةً
وخُضتَ تَجربةً يُغشِي تَفَرُّسُها

أبي كَفاكَ شُروداً.. لم تَنَمْ زَمَناً..
حَسْبُ الظِّلالِ خِيامٌ قُدَّ مَلبَسُها

كُن حالِماً!

والتَمِسْ من قَبضَةٍ وَطناً

تَجِدْه في صُورٍ لم يَعفُ مَلمَسُها

كُن هادئاً مُطمئِنّاً في غِيابِكَ..

لم أركَنْ لمَوتٍ؛ فَرُوحي فيكَ مَحبَسُها

خَطوي فِداكَ،

سأسعَى ما حَيِيتُ إلى عَينَيك

آنَسُها حُبّاً وأُونِسُها

وانفَضَّت النارُ من حَولي وحَولكَ يا أبي

سلاماً على ناي يُقدِّسُها

دَع عنكَ قلبيَ، واستَغفِرْ لقلبِكَ

إنْ يَشَأْ يُغَيِّرْ سماءً أنتَ تَعكِسُها

غَيمٌ كثيفٌ، ضَبابٌ يا أبي!

وغَدٌ يُبَلِّلُ الأرضَ بالمَعنَى، ويَغمِسُها

قلبي غريقٌ

إذا مالَتْ تراوِدُني عن رَغبتي،

ويَدِي تأبَى تُدنِّسُها

وَعدٌ علينا سَلامٌ،

والسَّلامُ على قصيدتي ثَورة

بالكادِ أهمِسُها.

كأي نباتٍ حَسَنٍ

أعرفُ أنكَ تعرفُني،

وأخافُ اللُّقيا؛

إذ يَفضَحُني أو يَفضَحُكَ الخوفُ..

الزنزانةُ تحجُبُ عنكَ عيونَكَ،

تحجُبُ عني آخرَ أسئلتي: هل أنتَ بخير؟!

كان الوغدُ الوقتُ يُحملقُ فينا

بضعَ ثَوانٍ يأسِرُنا البحرُ ويُشقينا

الأمرُ بسيطٌ،

لكنَّ طريقاً جرةُ قلمٍ،

ورقيباً يَدفعُنا عن أيدينا

يزجرُنا في جِهتَيْ ماضينا

مُشتعلَيْنِ بأقصى المِرآةِ،

ومُنطفِئَينِ أمامَ الليلِ الآتي..

بعد قليلٍ جدّاً

تَحيا ذاكرتي الأولى كنباتٍ حَسَنٍ

وكأيِّ نَبَاتٍ حَسَنٍ يَملؤهُ الخوفُ.. أخافُ!

أخافُ حِصارَكَ بدُخاني وضِياءِ المَنفَى

وأخافُ شُرُودَكَ بالخارجِ،

والخارجُ خلفَ السورِ غريمُكَ

يَجهلُ فيكَ جُنونَكَ،

ويشنُّ عليكَ ظنونَكَ،

تلك حصُونُكَ؛ لا تُوقِدْ لفراشَتِكَ غُصونَكَ

فالأسبابُ تُدافعُ عن شيءٍ مَنسيٍّ

نحن الشيءُ المَنسيُّ،

الوقتُ يُحملقُ فينا

في النَّظراتِ وفي الكلماتِ

أخافُ على ما خلَّفتَ دماً حيّاً بعُروقي

وأخافُ غدي لو يُفلِتُ قلبي من بينِ أظافِرِهم..

بعدَ قليلٍ يُفلتُ قلبي

فأراكَ ذبيحَ الصَّبرِ النَّافِدِ

وأراكَ تُطلُّ من الصُّوَرِ الراغِبَةِ عن النِّسيانْ..

استَرِح الآنْ!

لا شيءَ هنا، لا شيءَ يُخيفُكَ..

والأعينُ ذابِلةٌ..

هذا حينُ قِطافِكَ،

أو حانَ خريفُكَ..

دعكَ من المُمْكنِ والإمكانْ..

هذا تعبٌ تعبٌ

حتى يبلغَ حزنُكَ مَجراهُ

وحتى لمعةِ عينيكَ أخيراً.

2

– لا أعرفُ تحديداً أين بُعِثتُ

وكيفَ أتيتُ مع الرّيحِ هُنا،

ولماذا أكتُبُ..

حَسْبيَ دوماً أن أتجاهلَ هذا الأمرَ!

مكاني زمنٌ يَمثُلُ

وزماني أمكنةٌ تتضحُ..

أن أشهدَ في المعركةِ قتيلاً

أحبُّ كثيراً

أنْ أعتقدَ بأني جئتُ؛

لتتحدَ الأشياءُ بموسيقاها..

ينفرطُ الجسدُ على الإيقاعِ،

وينبجسُ الماءُ من الآلاتِ؛ فثَمَّةَ موسيقى..

ثمةَ مَوجٌ نَسبحُ فيهِ ونَلتَمِسُ الغرَقَا..

ثمةَ نهرٌ،

ثمةَ شجرٌ،

ثمةَ شمسٌ شَرقَا..

ثمة صوتٌ حيٌّ للكلماتِ،

وإن كانَ الموتُ عليها حقًّا..

أعرفُ تلكَ الطُّرُقَا..

غنيتُ كثيراً مُحتفلاً ببقائي

بالوَحدةِ في السيرِ إلى نَفْسي،

وكتبتُ أُعمِّدُ شَيطاني بِقداسَةِ ناري

ببدَاهَةِ مَعصِيَتي..

عن حُلُمينِ كتبتُ رحيلي..

عن بنتٍ في عينيها شرَّدني النورُ،

وعن أرضٍ وبلادٍ أسرَتْ مُعجزتي.

وكتبتُ قليلا لمُجردِ وصفٍ أو عزفٍ،

أو كي أضربَ مَثَلاً ما خوفاً من خوفٍ.

وكتبتُ لنُبلِ فصولٍ لم تأتِ،

كتبتُ لأَنسَى!

لي أشياءٌ في الماءِ،

ولي هدفٌ.. أنْ ألتهمَ الأرضَ..

قرأتُ لألمِسَها بغيابي،

وسرقتُ من العَدَمِ الحيِّ كتابي،

ورحلتُ طريداً..

حاربتُ لأجلِكِ أيتُها الأرضُ؛

فليس مجازاً ما يُنجزه الفارسُ،

تلكَ مُعادلَةُ النحوِ،

كثافتُنا في الريحِ،

خَسارتُنا في الخَطوِ..

طرحتُ على طَاولةِ الشطرنجِ طريقاً

درّبتُ خُيولي البيضَاءَ السوداءَ/ السوداءَ البيضاءَ

على عَدْوِ ظلالِ المَلكِ، وحَمْلِ الضعفاءِ خِفافاً..

ساعدتُ الوقتَ على إيجادِ معانيهِ لِماماً

يَنقُصُ هذا الأمرَ مُحاصَرةُ الوقتِ تماماً

أنْ أشهدَ في المعركَةِ قتيلاً وزحاماً..

أنْ أنبثقَا!

أعرفُ يا مرآةُ شُجونَكِ وجُنونَكِ
واضِحةً في البُعدِ
توهَّجَ فيكِ الحُلمُ جَميلاً كالشمسِ
وكالأمسِ إذِ احترَقَا..

أعرفُ تلكَ الطُّرُقَا..

ثمةَ شيءٌ نرحلُ عنه ويبقَى..

أذكرُ ذاك البابَ،

وأعرفُ أنَّ عُيوني اتسعَتْ للبحرِ

وأنَّ البحرَ مِدادٌ حيٌّ للنظراتِ الكلماتِ

وإن نَفِدَ، أو انطفأَ السِّحرُ،

ومزَّقتُ الورقَا.

هذا الحضنُ لا أحد

البحرُ؟

ما البحرُ؟

ما الذي أصِفُ؟

تَيَمُّناً، أمْ تَطيُّراً أقِفُ؟!

تلكَ الإشاراتُ رَهْنُ مَطلَعِها

أما الختامُ: الإشارةُ الصَّدَفُ

مُستَغرِقٌ..

هذا الحِضنُ لا أحَدٌ

لكنَّهُ الماءُ مُولَعٌ كَلِفُ

يا جَسَداً فاضَتْ عنهُ ذاكرتي

تلك خُطاكَ التي سَتقتَرِفُ

وحدَكَ والطينُ منكَ يأتَلِفُ

وحدَكَ عَدَّتْكَ واحداً نُطَفُ

لا راغباً إلا في مُكاشَفَةِ الأرضِ بأشجارِها؛

فَتَنكشِفُ..

مُتُّ مِراراً على طريقَتِها

أسرَى بيَ الحُبُّ، غرَّني شَغَفُ

لولا يدُ الطينِ لم يكُن خزَفٌ

لولا يدُ النَّارِ ما استوَى الخزَفُ

يَهتِفُ قَلبي بفِتيَةٍ ظَمِئُوا..

مُدَّ يداً منكَ فيكَ يَرتَشِفُوا

قُلْ أيَّ شيءٍ عن فِكرَةٍ ذَهَبَتْ

كم ذاقَها أهلُها وما عَرَفُوا

في غَرَقٍ يَحلُمون،

قد كذَبُوا في وَصلِهِم أمرَهُم وإنْ حَلَفُوا

ما دَلَّهُم سرُّهُم على وَجَعٍ

إلا بأسمائِهِ العُلَى اختَلَفُوا

هُم سادَةُ الغَيمِ، جُلُّ قَرِيَتِهِمْ

ومُترَفُوها ما أهلَكَ التَّرَفُ

قُلتُ لهم: آمِنُوا بصرختِها

فآمَنَ الجُرحُ كُلَّما نَزَفُوا

نامَتْ بصدرِ المَكانِ أمكِنَةٌ

وراعَهُ أنَّهُم به عَكفُوا

نَمْ يا امرَأَ القَيس.. هل هُنا طَلَلٌ؟

هل يَحتويها ثلاثةٌ وَقَفُوا؟!

هلَّا بَكيتَ الوَحيدَ دُونَهُما

ألا هوَ الكلُّ ما لَهُ كَنَفُ؟

قَلبي وهذا الهواءُ يَحمِلُهُ

لم يَكفِهِ من جُنونهِ شَرَفُ

قَلبي سرابٌ للنازحينَ بِهِ

يَفنَى بأشواقي كلما انجرَفُوا

حانَ العِناقُ الطويلُ يا امرَأتِي

أبناؤنا الظِلُّ غادَرُوا، أزِفُوا

أتَتْهُمُ اللحظَةُ الأخيرةُ

أو أتَتْهُمُ الأُغنياتُ، فانصَرَفُوا.

بلا أي شيءٍ سواها

لا أريدُ الحقيقةَ أنْ تَتَكَشَّرَ أنيابُها..

لا أريدُ أزاهيرَ تنبُتُ في ظلِّها..

وأريدُ الحقيقةَ كاملةً،

لا لشيءٍ سِوَى أنها جرّدَتْ نفسَها،

حينئذٍ.. كنتُها..

كنتُ لا شيءَ أو كلَّ شيءٍ،

وكانت تُعلِّمُني كيف أرقصُ، كيف أنامُ،

وكيف البلادُ تُجردُ في اسميَ ذا مَخدعاً؛

لكي يحتوينا معاً،

ولكي يُكمِلَ الحُلْمُ سَيري إليها

بلا أيٍّ شيءٍ سواها..

بكامِلِ أشيائِها دونَها.

لن أُبَدِّلَ صورةً

على كل حالٍ لن أُبَدِّلَ صورةً
أهيمُ بها في كل وادٍ؛ فكُنتُها

وفي كل وَجهٍ عائدٍ من حكايةٍ
وفي نَجمةٍ مِلءَ السُّطوعِ بكيتُها

وفي كل موتٍ لم يَخُنِّي وخُنتُهُ
فثَمَّ فتحتُ البابَ، ثَمَّ رأيتُها!

هناكَ بأقصى العُشبِ تُطلِقُ شَعرَها
وما كادَ يغفو الموجُ حتى هَمَستُها

لخُطواتِها نحوَ الخريفِ تَبِعتُها

مَشَيتُ على الوزنِ الخفيفِ، حملتُها

على كل بابٍ عُشبةٌ ومَحاورٌ

تفتَّحتُ فيها كلما رقَّ نَحتُها

وُهِبْتُ لأشيائي كما لو وُهِبْتُها

فقدْ نالَ منِّي كلُّ شيءٍ وشِئتُها

أُقيمُ صلاتي في فراغِ مدينتي

وتأسرُني الأحلامُ إن يَجْلُ سَمتُها

دمي للفراشاتِ، الفراشاتُ في دمي
لِيَ الوردُ والنيرانُ حيثُ نزفتُها

أسيرُ.. أطيرُ.. الأرضُ تغدو قصيدةً
وأرجعُ إذ يَنسى القصيدةَ بيتُها!

على كل حالٍ سوف تغدو قصيدةً
وتلك ظلالي للغيابِ نَذَرتُها

على كل حالٍ سوف أُكمِلُ صورةً
بصَدري على صَدرِ الحياةِ رَسَمتُها

على كل حالٍ سوف تَفنَى مدينتي
كزيتونةٍ تغفو وما كاد زَيتُها...

سيَفنَى مع الفردوسِ بَيتٌ هَجَرْتُهُ
وتَفنَى مع الدنيا فتاةٌ هجرتُها

سأخلعُ ثوبي، والطريقُ مَطِيَّتي
أُراودُني عن رحلةٍ حانَ وقتُها

هناك بوادٍ غيرِ ذي غُربةٍ ولا كتابٍ
وإنَّ النهرَ صوتي وصوتُها

ستَبقينَ ما حنَّتْ بلادٌ لعاشقٍ
وتَبقى غيومٌ في يديكِ سكبتُها

العازفة

نمَتْ على جَسَدي.. مالَتْ على شَفَتي

مَشَتْ برأسي وإحساسي كساقيةٍ

يدٌ تُرقِّصُ ميزانَ العدالةِ،

كم أحبُّ رقَّتَها في وخزِ راحلتي

وكم أحبُّ شَذاها، كم أحبُّ يدي

وهْيَ السلامُ عليها دونَ آخرةِ

وكم أحبُّ سِوَاها.. كانَ مُحتَمَلاً

أن يحضُنَ البحرُ (مشدوهاً) بخاطرةِ

وصارَ مُحتَمَلاً ألَّا أكونَ هُنا

فالموجُ ذاكرةٌ تُفضي لذاكرةِ

يا موجُ حِلْمَكَ،

لا تَصرَعْ دمي بدمي..

يا موجُ، لا تفترسْ رؤيايَ باللغةِ

حبيبتي،

وأحبُّ النايَ في دمِها

وحرةً سكنت روحي بلا سعةِ

هيَ الكلامُ الذي لا يعتريهِ كلامٌ
والهدوءُ الذي في أوْجِ عاصِفَتي

هيَ اشتباكي ببعضي
كالعناكبِ في مبنىً عتيقٍ
هيَ الأسماءُ واسِمَتي

هيَ السماءُ وما للنهرِ من شبقٍ يطولُ
وهْيَ امتثالُ الريحِ صاحِبَتي

حبيبتي..

دعْكِ من هذا السؤالِ إذاً!

حبيبتي..

أنتِ أنتِ الروحُ عازفتي.

من وردةٍ وسحابةٍ

جفَّت عُيونُ البحرِ، خارَ وغَمغَمَا

لكنَّ قلباً لا يخونُ تَبسَّما

قلبي ضجيجٌ فاترٌ، لم يجتهدْ

إلا ليسمعَ صوتَهَ فتكلَّمَا

لُغتي القريبةُ مَنزلي،

وسواحلي بيضاءُ..

ثَمَّ رأيتُ باباً مُبهَمَا

أمشي له جِسراً على جِسرٍ،

ومَوجاً فوقَ مَوجٍ،

فاستفضتُ،

وأظلَمَا

كان الطريقُ مُهوَّماً، متجدداً

بيدِ الذي يعلو بحسِّيَ مُغرمَا

لاحقتُهُ حتى المصيرِ؛

فصارَ لي وجهاً،

وصِرتُ لهُ أباً ومُعلِّمَا

لا شكلَ للمَعنَى الذي لاحَتْ بهِ أقرانُهُ

واستلهمتْهُ ليُحكَمَا

هي حِكمةُ الأمواجِ فينا

بينما اتخذَت من الإيقاعِ مَبنىً أحكمَا

وتقطَّرتْ من وَردةٍ وسَحابةٍ

عِطراً وماءً، واستفزَّتْ أنجُمَا

هي حِيلةُ الشعراءِ

أنْ يَبقَوا بذاتِ الأغنياتِ

ومُخرَجاتٍ أنعَمَا

أن يُتحَفوا ليلاً

إذا انتصروا لجُرحِ المُعتِمينَ

وعانقوهم أسهُمَا

روحٌ من الهَجرِ العميقِ،

وقوتُها أعجازُ نَخلٍ لا يَعِدنَ تأقلُمَا

وَتَراً وذاكرةً تردَّدَ صوتُها

في حُزنيَ الرنَّانِ حتى رنَّمَا

عمَّنْ تُحاوِرُني إذا غنَّيتُها

ببديهةٍ سَكرَى وصوتٍ أنغَمَا؟

عن أيِّ شيءٍ بعدَنا؟

صبارةٍ أم وردةٍ؟

مَن بالغِناءِ تألَّمَا؟!

يا بحرُ،

عِشرونَ اختباءً واقتتالاً فيكَ

لم أبرَحْ يدَيكَ لأهجُمَا

كم أشتهيكَ،

وكم تُحمِّلُني دمي

سيلاً من الذكرى، وحُلماً مُفعمَا

كالثَّورِ هِجتَ على مُصارِعِكَ الذَّكيِّ

وخِلتَهُ دونَ العِناقِ تَحطَّمَا

جَفَّتْ عُيونُكَ

لا أسىً يعلو، ولا فرَحاً يغيضُ

وإنّما.. أو رُبّما..

ذهبَ المكانُ بطيفهِ وضيائنا

وعيونُنا تأبَى سِوى أن تَحلُمَا.

3

أُهروِلُ في ثيابي، أو أُعلِّقُها

أُمهِّدُ خُطوتي، أو أبتَني جسراً

أُجرِّدُ وردةً، أو أشتهي موتي بساحلِها..

أنا حُرٌّ!

يَخصُّني لوني ورائحتي

خَفَفْتُ،

خَسِرتُ ما يَكفي إذاً؛

لأُحرِّرَ المَعنَى من الوزنِ الثقيلِ،

ومن شِراكي..

في التّشَكُّلِ بينَ أسنانِ الظّروفِ،

وفوقَ أشلائي،

ورغمَ أُنوفِ ساداتِ الرغيفِ،

وفي الطّيوفِ،

وفي انكشافي واعترافي بالخريفِ،

وفي اقترافي خُطوةَ الشّبحِ المُخيفِ،

وفي انعطافي،

في التّسلُّلِ بينَ أشواكِ المُقدّسِ،

في الغِناءِ وفي التغَنّي،

في انتشاءٍ بالتّخلّي عن غدي أو بالتّمنّي،

في دُموعي إنْ أردتُ ولم أُرِدْ هذي الحياةَ،

وفي النجاةِ على مَطارقِها الثقيلةِ،

أو على النبضِ الرّهيفِ..

يَخصُّني لوني ورائحتي..

أمامي خلفَ خلفي..

للمرايا شكلُها وعيونُها..

تُفضي إلى أشيائِها الأشياءُ..

يا لَسحابةِ الضوءِ الكثيفِ!

ويا لها من ضَجَّةٍ شفّافَةٍ رحَّالةٍ ما بينَ أعمدةِ الرّصيفِ!

أكانَ رقصاً دونَهُ النسيانُ؟

بَعدي هل سأرحلُ مرةً أخرى على وزني الخَفيفِ؟

أكنتُ حُرّاً في النزيفِ؟!

- بالكادِ أذكرُ أنني قبلُ انتبهتُ لغيمةٍ

تبكي على الطفلِ الكفيفِ؛

فكنتُ عَينيهِ ودمعتَها،

وأبكَتني حُروفي!

دويّ

أنا الآنَ مُمتلئٌ بالدويِّ

وآيةُ قلبيَ أنْ ينفجرْ!

تُرى بُقعةُ الضوءِ

أمْ رُقعةُ الدمِ تتسعُ الآنَ؟

قلبي أم الأرضُ تهتزُّ أمْ رعشتي؟

صَحوتي وحُشودُ النسيمِ على الخدِّ

أم صَفعةُ الغدِ؟

ما هذه الأغنياتُ الصريعةُ؟

مَن هؤلاءِ الدُّثُرْ؟!

بغضِّ النَّظرْ..

تَؤولُ البلادُ إلى نِصفِها..

وقَعَتْ بي،

وقَعْتُ بها،

وحَلَمتُ على صدرِها بالحياةِ..

نَمَتْ فَجأةً وردةً

ونموتُ دماً ونَهَرْ.

هيَ الآنَ تَهذي كثيراً:

دمٌ قارئٌ خُطوتي في البقاعِ..

دمٌ سابحٌ فوقَ وجهي..

حطامُ دماغيَ ذا حطبٌ لمواقدَ عازفةٍ

ودُخاني عَويلُ الشجرْ.

أنا الآنَ ممتلئٌ بالدويِّ

وآيةُ قلبيَ أن ينفجرْ!

والتي علَّمتْني وصارَتْ سُؤالاً

والتي لَفظتْني وصارَتْ كلاماً محالاً..

لَيَحتَمِلَنَّ الصدى جَسَدي في اضطرابِ الوترْ!

لَيَحتَفِلَنَّ بصوتي المطرْ!

لَيَنبجسَنَّ الحجرْ!

ستتقُبُني الأرضُ دونَ نَفاذٍ إلى أيِّ شيءٍ

فلا عُشبةٌ تتسللُ من شقِّ صَدري،

ولا شُعلةٌ تتلكأُ في نَظرتي للحريقِ..

سأتركُ خلفي مصيري.. أطيرُ..

هنا، لم يَعُد في الهواءِ سِوايَ

نعم، لم أكُن في الهواءِ سِوَى آخرينَ..

المكانُ خفيفٌ شفيفٌ،

ولكنهُ يتألفُ شيئاً فشيئاً

من العدَمِ المُتكدِّسِ في نَظرتي والصورْ..

جمعتُ الليالي، قطفتُ النجومَ،

صَحِبتُ أصابعَ مَجهولةً،

ودعوتُ لمائدةٍ وطناً،

وأناساً غريبينَ يَبتَلِعونَ الخطرْ.

أنا والطريقُ ظلالٌ، حَراكٌ ونسلٌ،

وتَحكُمنا الشاعريةُ..

نحنُ هُنا والقَمَرْ..

نُطِلُّ على صُورةٍ للذي قد رأيناهُ من قَبلُ طرفةَ عينٍ،

وقلنا: لنا لحظةٌ في السفرْ،

وليس لنا مُستقرْ!

بأيِّ البلادِ تموتُ؟

أقولُ: انتفِضْ، لا تَنَمْ

فلقَدْ آنَ للقلبِ أنْ يتذكرَ آخرَ بارقةٍ..

مرَّ ظلٌّ إلى آخرٍ، وانتَهَى أثرُ الضوءِ بينهُما

أخفقَ القلبُ أرجوحةً من هواءٍ وماءٍ

وعادَ كما كانَ أو لم يَكُنْ!

انتفِضْ أيها القلبُ

كن مُستعدّاً كقناصةِ الغيبِ

حادَّ البصرْ!

أُحبِّكِ حُرِيَّتي

باباً انفتَحَتْ منهُ روحي على البحرِ؛

فاستوطنَتْه تباعاً وماجَ الأثرْ

وراوَدتُ حُوريةً عنكِ..

خَلعتُ ثيابي، عيوني، يدي، رئتي

ثم قلتُ: الحكايةُ يا بحرُ

لؤلؤةٌ في دمي، فانتَزِعْها

ابتلَعْها – عليكَ سلامُ الجفافِ –

ودعْني أتابعُ سَيري

إلى موجيَ المُبتكرْ

إلى ظليَ المُنتصرْ.

أنا الآنَ ممتلئٌ بالدويِّ

وآيةُ قلبيَ أنْ ينفجرْ!

قلبي وحِصانٌ مُنهَك

قوِّميني في بلادٍ تَهلِكُ

ضاقَ بي الوقتُ وضاقَ المَسلَكُ

قوِّميني ريثما عادَتْ طُيورُك تغدو

ومني تَضحَكُ

قدْ يُضيءُ الشعرُ مما في دمي

من شظايا لم يَصفْها نَيزكُ

فكرةٌ بي طَرَحَتْني جُملةً

وأنا من كل وادٍ أُحْبَكُ

بي أناسٌ حمَّلُوني دَمَهُم
دونَ مِيثاقٍ ووحدي أُسفَكُ

بي سلامٌ غائبٌ دوماً؛ لذا
لا أراه، غيرَ أني أملِكُ!

قدْ مَلَكْتُ الأرضَ إذ ضيَّعتُها
بيدٍ في عزفِها ترتَبِكُ

مرَّت الأيامُ، لكنْ حُلْوة

غرَّها إيقاعُها المُستَهلَكُ

الزمانُ الآنَ يَمضي قَسوةً

وسريعاً بالأغاني يَفتِكُ

تَعِبَتْ روحُ المُغني وانحنَى

قُربَهُ هذا الحِصانُ المُنهَكُ

كل آتٍ سوف يَمضي،

هكذا قالَ؛ فانداحَ الظلامُ الأحلَكُ

سوف تَبقَى من شُرودي نَظرةٌ

في رُؤاها كل ما لا أُمسِكُ

قوِّميني في زمانٍ آخرٍ

في سماءٍ حُرةٍ لا تُدرَكُ.

زمنٌ تجردَ من أنوثتهِ

أقولُ للريحِ التي عَصَفَتْ بقلبي:

هذه بئري، وذا وطني الشريدُ

وتلكَ أغنيةٌ ستعبُرُ

سوف تَمشي أو تَطيرُ

وسوف تَبلَى في المَمرَّاتِ المَسافةُ

سوف تتسعُ القُيودُ

تذوبُ في حَشدِ الكلامِ رسائلي حيناً،

وحيناً ليسَ يَحمِلُني البريدُ

أتيتُ من زمني القديمِ،

وبعدُ لم يَلحقْ بيَ الزمنُ الجديدُ

وبعدُ لم يَنسَ المُسافرُ بيتَهُ

إنَّ المكانَ مُسافرٌ أيضاً، تلاشَى خَطوُهُ في السيرِ

حتى شفّه الظلُّ الوحيدُ!

وبعدُ لم أترُكْ بكفِّ حبيبتي زِلزالَها،

وبصوتِها موَّالَها

لكنني زمنٌ تجرَّدَ من أنوثتِهِ

وعاصفةٌ تُغادِرُ حالَها

واسمٌ فقيدُ

أنا الشهيدُ

لأنني عينُ الحكايةِ

كلما اتَّسعَتْ تراءَى اللاوجودُ

أنا سؤالُ القلبِ:

وعدٌ كلُّ هذا الحبِّ

– في صوتي وصوتِكَ – أمْ وعيدُ؟

أنا المُريدُ

أنا هو الإنسانُ والحيوانُ والشيطانُ

كم ستُتعِبُنا الحياةُ ونستزيدُ!

سَفرٌ في المِرآة

حبيبي، لو تُبادلُني قليلا
وتُمهِلُني أزورُ المُستحيلا

ممالكَ من غِناءٍ قد أُحيلَتْ
عوالمَ حُرةً، ومَدىً جميلا

هُناكَ أراكَ.. دونَكَ ثَمَّ بحرٌ
وراحلتي تَشُقُّ الأرضَ نِيلا

أُطِلُّ عليكَ من روحي شظايا
ومن عَيني المرايا والطُّلولا

طُيوراً لستُ أُحصِي كم أطاحَتْ ببالي،
لستُ أُحصِي كم قتيلا!

صحاريَ شيَّبتْني، غيرَ أني
أُعاوِدُ نَسلَها جِيلاً فَجِيلا

أمرُّ كهاجسٍ للنَّهرِ غَيماً
وأذرِفُ حيثُ أقترفُ الدليلا

أُطِلُّ عليكَ من جِذعي وفَرعي

وأيامي التي ذَبُلَتْ عليلا

فأدرِكْ فِكرتي قبلَ ارتطامي

وصافحني بها زَمناً طويلا

عَجِلْتُ بها، وبي عَجِلَتْ

فألقَتْ على قَلبي غدي قَولاً ثَقيلا

وذُبتُ؛ لأمنحَ المِرآةَ وجهاً

وأكشفَ عن حقيقتهِ الأُفولا

فأدرِكْ رحلتي،

وقصيدتي تلكَ،

والموجَ المُسافرَ،

والنخيلا.

4

وأنا أودّعُ غرفتي،

لا شيءَ فيها كنت أتركُهُ ويتركُني تماماً..

كلُّ شيءٍ كان يسألُني بقائي..

جَرّةٌ كانتْ لحِفظِ العطرِ

لحظةَ أنْ مَدَدتُ يَدِي أُجرِّدُها،

تمادَتْ في السُّكاتِ..

وجرّدَتْني من يَدِي!

على جِذعِ زيتونةٍ أتذكر

لونُ الحوائطِ أخضرُ زَيتيّةٌ ألواحُهُ..

زَيتُونةٌ شرقيّةٌ غربيّةٌ..

ما كادَ زَيتٌ أنْ يُضيءَ؛

فثَمَّ تَجربةٌ وأسئلةٌ تَذوبُ على فَمِي..

وفمي كقافلةٍ تَلُوحُ..

فمي يطيرُ.. فمي ينوحُ..

فمي يبوحُ بخوفِهِ لولا يُبيحُ..

فمي يَطيشُ.. فمي يفوحُ ويستبيحُ..

فمي يُقطِّرُهُ من الوردِ الجريحُ..

فمي يُجرِّحُهُ من الوجدِ الضريحُ..

متى أعودُ ويستريحُ فمي؟!

ثَمَّ احتراقٌ مُستقرٌّ في دمي..

أتحسسُ الأيامَ بحثاً عن يدي

أو هكذا يغري المكان تمددي

حدّثتُ قهوتيَ السريعةَ عن غدي:

هذا المُغادرُ مَوعِدي!

يا أغنياتي في المسيرةِ.. يا نخيلُ..

دمي يسيلُ.. يدي تميلُ

يدي سبيلُ الماءِ إنْ غابَ الدليلُ

يدي الإشارةُ من غدي

وغدي يُكفكِفُ دمعَ ماضٍ لا يزولُ

غدي الوصولُ المستحيلُ

ألا أقولُ ولا أقولُ؟!

ذَهبتُ من حُبٍّ إلى حُبٍّ

حُقولاً خُطوتي كانَتْ

وحَولي كانَ صومَعَتي الكبيرةَ

تلك أحضانُ المكانِ تقدُّها جرافةٌ

هذا الطريقُ لحيَّةٍ تَسعَى

السماءُ دماؤنا ورمادُنا

البحرُ النهايةُ..

يا لها من وَحشةٍ، من غربةٍ بينَ الضُّلوع

ويا لها من نَظرةٍ نحوَ الربيعِ

وجُثّةُ الزمنِ الوديعِ

على السّريرِ تُعِدُّ قافلةً لآخِرَةٍ..

هنا لم أكترثْ بهُجُومِ جيراني عليَّ؛

فكانَ لي عَصفٌ وعَطفٌ

كانَ لي «الصَّفحُ الجميلُ»

وفي الشّوارعِ كانَ لي الصّخبُ الهزيلُ

وكانَ لي شعبٌ بعيدٌ عن سلامي..

كنتُ لي شعباً أبادلُهُ الصدى،

أو هكذا يفنى الرحيلُ!

هنا الحياةُ تَمُدُّ لي يدَها الغريبةَ..

لا الطريقُ هي الطريقُ

ولا السماءُ ولا البيوتُ ولا الصديقُ

لصفحةٍ بيضاءَ نحنُ وعاشقينِ

تَهادَيَا بينَ السّطورِ مُسافرَيْنِ

وغيرَ مَحمولَيْنِ إلا بالوداعِ!

يقولُ لي ظلي الوحيدُ: لتنسَ؛

فالكلماتُ تَنعسُ بينَ بينكَ

كم تُخايلُكَ الجميلةُ

خلفَ هذا البابِ..

تَضحَكُ،

ثُم تَهدأُ،

ثُم تُخفِقُ دونَ أسئلةٍ عن المَفقودِ..

أدرِكْ في الظلامِ يداً مُهاجرةً،

وسِرْ في حُلْمِها الفَقّادِ..

عُدْ كالماءِ سِرّاً نابِضاً

في دورةِ الأجدادِ والأحفادِ،

دُرْ.. شاهِدْ حَنينَكَ في دُوارِكَ..

كُنْ يداً تَلقَ الجميلةَ في انتظارِكَ..

كُنْ جَميلاً في انتظارِكَ..

هكذا تَمضِي حياتُكَ..

هكذا تَمضِي الحياةُ!

فُسحةٌ ضالة

يَنقَضِي الليلُ، والنهارُ عَبوسُ
خبَّأتنا بمُقلتَيها الشموسُ

كلُّ شيءٍ يزولُ
إثرَ انتظارٍ طالَ ما طالَ،
والزمانُ تُروسُ

درتُ،
دارَتْ،
فحلَّت الأرضُ فينا
وتفانَتْ مع الدُّوارِ النفوسُ

فُسحةٌ ضالةٌ، وحُلمٌ بعيدٌ
وعناقٌ عن المكانِ حَبيسُ

وبقِينا هُناكَ حتى نَسِينا
ها هُنا بيتَنا، وغابَ الأنيسُ

جرَّبَ الموتُ حظَّهُ، ومَشَى
حيثُ تَساوَتْ على الطريقِ رُؤوسُ

وحدَنا نَذكرُ البداياتِ مَرحَى
وكأنَّ الضفافَ بِكرٌ عَروسُ

وحدَنا الآنَ

آسفانِ على ما سوف يأتي،

وفي النجاةِ دُروسُ

ولنا في التمرُّسِ الحُرِّ رقصٌ

نحنُ وقعٌ بهِ وخطوٌ يَدوسُ

ولنا ما لنا.. ذَهابٌ زهيدٌ

وإيابٌ بما تَخَلَّى نَفيسُ

يا لآلامِنا تَصيرُ كتاباً!

مَنْ لهذا الكتابِ حِبٌّ جَليسُ؟!

شجراً كانت الأغاني وكُنّا

ثُم هُنّا، وكسَّرتْنا الفؤوسُ

إذ حَكَينا عن الليالي سَكِرنا

بل صَحَونا وأفرغَتْنا الكُؤوسُ

سوف نَروي حياتَنا،

ويُزكّي كلِمَاتِ الوداعِ حُلْمٌ تَعيسُ.

قطراتُ دمٍ لا تكفي

يا صاحِ،

العالمُ يَمرحُ بينَ خراباتِ دِماغي

أثقَلُ من سبعِ سماواتٍ جَفني،

ويَدِي لا تَملِكُ حِكمتَها..

كان عليَّ الموتُ قديماً،

لكنَّ حبيبي أجَّلَني..

ألعنُ قلبيَ أمْ قلبَ حبيبي؟!

أنا مُكترثٌ ببراحي يا صاحِ،

أنا شَيطاني الأبيضُ

لا أُطفئُ نُبلَ النارِ بصَدري،

لا أُفصِحُ عن ضِدينِ شَبيهَيْنِ،

ولا أَسألُ أو أُسألُ عمَّا أحرقتُ وأشعلَني..

الكلماتُ رمادٌ ورماد!

قطراتُ دمٍ لا تكفي،

لم تأتِ الفرصةُ لمُداعَبةٍ أكثرَ طيشاً

لم تُشبعْ رغبتيَ الكبرى في السَّفكِ..

صرختُ بوجهِكَ:

هذا جُرحُ الأرضِ يسيلُ على الرملِ..

لماذا لم تُفنِ جبالَ الجسدِ المُتصلبِ؟

كان عليكَ مَزيدٌ من طَيشِكَ،

كان على قبضَتِكَ الداميةِ الحِكمةُ أكثرَ

لكنْ.. راجحةٌ تلك النفخةُ في روحي الهشةِ

أن تُوقِظَني للركضِ مع الريحِ،

أزورُ بلادَ الصمتِ وأزعقُ،

أحمِلُ أسبابَ الصمتِ وأزهقُ،

فاعذِرني إنْ صارَ هُتافُ الحُرِّ لِعاناً وقذائِفَ،

واعذِرني إذ أخفقتُ ومن ثَمَّ بكيتُ

فقدْ ثَقُلَ المِيزانُ على الجنبَينِ

وحطَّمَني الضوءُ سؤالاً عفْويّاً..

أورَثتُ الحُبَّ نوافذَ هَجَرتْها الطَّيرُ

وأدركَهَا السيلُ تماماً..

معذرةً لا تكفي معذرةً وسلاماً!

قطراتُ دمي لا تكفي لأقولَ: «أحبكَ»

وأنا حرٌّ من ضعفي،

ويدي، ولساني.

مُعتِمةٌ كلُّ الأشياء

التمسي عذراً..

إنْ مسَّ لقاءَكِ خطأٌ ما؛

قد يلتبسُ الورقُ الأخضرُ

والأغصانُ على العصفورِ،

وقد أكفرُ بي لحظتَها

بالنورِ وبالنارِ

وأُطفئُ صورتَكِ

وأنطفئُ.

التمسي عذراً..

إنْ نزعَت صوتَكِ قافيةٌ ما؛

هذا ما خلَّفَهُ منكِ قطيعٌ وهجيرٌ..

حفنةُ ماءٍ وترابٍ،

ونجومٌ يُمكنُ أن أحصيَها..

كوني سيدةَ الحفلِ وغيبي!

صمتُكِ صمتي،

وسماؤكِ سقفُ دماغي،

وطريقُكِ جُرحي المُهترئُ.

التمسي عذراً..

إنْ كذبَ هواءُ حين أقولُ: «بخيرْ»

حينَ أطيرُ ويرمُقُني الطيرْ،

أو حينَ أوبّخُ صوتَكِ

تلك خطوطُ الهاتفِ تنتحلُ الأسماءَ وتكذِبُ

– حين ألقّنُها الشوقَ مشاعلَ راياتٍ،

تقذفُها كاللعناتِ عليكِ –

كذلك نحنُ،

وفوق سريرٍ نَكذِبُ..

ثمةَ وَجهٌ دوماً مُختبئُ!

التمسي عذراً..

إنْ أغضبَني حُسنُكِ ودلالُكِ؛

فالحبُّ أنانيٌّ شَرِهٌ كالموتِ،

وهذا البحرُ شهيٌّ وبعيدٌ كالصمتِ،

وهذي الشاشةُ

زرقاءُ، ولا تشبِهُ بحراً

خضراءُ، وليسَت شجراً

سوداءُ، ولكن لا تُشهرُ حرباً..

لا تُخبرُ، لا تبتدئُ.

التمسي عذراً؛ إني مُلتمسٌ..

مُعتمةٌ كلُّ الأشياءِ،

وهذا الأسودُ كلُّ الألوانِ، عدا الأسودَ

نحن مرايا من طينٍ يتلألأُ..

هذا الأبيضُ كلُّ الألوانِ، عدا الأبيضَ

نحن عيونُ الوهجِ الخاسرِ والمَفقودِ..

نعيدُ إلى الأشياءِ نظائرَها منا،

نشردُ بين قصارِ الأسطرِ،

نقرأ في الظلِّ مصائرَنا،

نُحيِي ونُحَيِّي بالصوتِ ضمائرَنا،

نَغرقُ حتى نُصبحَ نحنُ الماءَ..

ويَروينا الظمأُ.

سرابٌ حقيقيٌّ ومَوجٌ مُسطَّر

كخاطرةٍ في حَفنةِ الماءِ أَهدِرُ

وأَحلُمُ بالمَجرى فأجرِي وأحفِرُ

على جبلٍ أصحو وأنظُرُ مِن عَلٍ

إلى النبعِ يَنمو فوقَ جِلدي ويَنخِرُ!

على جَسَدي شُطآنُها،

وسماؤها برأسي مُدلَّاةٌ، بعَينيَ تُمطِرُ

هُروباً من الموتِ الذي دَسَّ بابَهُ

على سِكَّةِ القُضبانِ؛ فارتابَ مُنذِرُ..

صُعوداً مع الموتِ الذي حلَّقَت بهِ

نُجومٌ عناقيدٌ، وما كدتُ أسكَرُ..

أُسمِّيكِ مَجرىً بالعُروقِ،

ورِحلةً مَجازيَّةً كالموتِ إذ يَتكرَّرُ

أُسميكِ حُبّاً كاملاً، ومُتمماً

فراغيَ إذ أخلُو إليهِ وأُقبَرُ

أكنتُ صبيّاً ليلةَ الأمسِ

مُذ بَدَا نُجَيمي وسيمَ الخَطوِ، في الغيمِ يُزهِرُ؟

أكانتْ لياليهِ انعكاساً لنَظرةٍ
تُحدِّثُهُ عن نَفسِهِ وتُنظِّرُ؟

أفقتُ على وجهِ الغيابِ حبيبتي
يُحاولُ أنْ يَنأى بنا ويُفكِّرُ

بلافتةٍ أهدَى الزمانَ حكايةً
(سرابٌ حقيقيٌّ، ومَوجٌ مُسطَّرُ)

– لهذا تُواري أغنياتكَ.. تُنكِرُ؟
بماذا احتفلنا ليلةَ الأمسِ.. تَذكُرُ؟

- أجل!

وكأني حَفنةٌ تتقطرُ

كأني على مَرأى غدي أتبخَّرُ

كأنَّ الذي بيني وبينَكِ عُشبةٌ

كأنّا هُنا مُذ لوَّنَ الأرضَ أخضرُ

كأنَّ الحياةَ الآنَ محضُ تَذكُّرٍ

كأنّا على مَتنِ القصيدةِ نُبحرُ!

***

وأذكرُ أنّ البحرَ نامَ حبيبتي

وغَطّتْهُ أنفاسٌ بنا تتحدَّرُ

وأنّ بلاداً تستحمُّ بلَيلِنا

وتَضحَكُ للحُلمِ المُبينِ وتَطهرُ

وشعباً – على ما يَنبغي – كان صادحاً

يُغنّي لأمجادِ الحياةِ ويَكبُرُ

ونهراً سعيداً كان يَمنحُ ظِلَّهُ

ويُورقُ أغصانَ الصغارِ؛ ليُثمرُوا

وصَفصافةً كانت تُطَمئِنُ جَارةً

لخَوفٍ من الآتي ونارٍ تُدبَّرُ

لهذا تكونُ الأغنياتُ حبيبتي

ولكنّ صاروخاً من الصَّوتِ أقدَرُ

غَفَونا، ولكنْ شبَّت النارُ فجأةً بمخدعِنا

واستيقظَ الحُلمُ يُخبِرُ

عن البيتِ ينأى في انتظارٍ ولَوعَةٍ

عن الأبِ يَعدو في الغيابِ ويَنظُرُ

عن الأمسِ مُذ صارَ الحكايةَ كُلَّها

عن الشمسِ مذ ولَّت وعادَت تُنفِّرُ

رأيتُ سُجوناً من هواءٍ مُعتَّقٍ

ونافذةً من أغنياتٍ تُؤطَّرُ

رأيتُ بلادَ اللهِ سِلعةَ عَصرِها

وحُريةً قَدْرَ التملُّكِ تُحصَرُ

هناكَ بنِصفِ الحُلمِ تَحنُو حقيقةٌ

ويَعوي هُنا ذئبٌ بوَصلِكِ يَكفُرُ

أُحدِّثُ عنكِ البحرَ ساعةَ مَغربٍ

ويَشحذُني من زُرقَةِ الأمسِ دفتَرُ

فمن لغةٍ لا تعرفُ الوقتَ جئتِني

وجئتُكِ مَحمولاً بما لا يُفسَّرُ!

***

أحبُّكِ، لو ينسَى المُسافرُ حربَهُ

لآنستُ ناراً في المدائنِ تُشهرُ

أحبُّكِ حيثُ الليلُ حولَكِ يَسهَرُ

أحبُّكِ، لم أختَرْكِ، كيف أُخيَّرُ؟!

غريبٌ وحرٌّ كيفَ عاشَ حياتَهُ
يُصيبُ رُؤاها حيثُ تَحنُو وتَهجُرُ؟

أُسمِّيكِ يا أحلى القصائدِ كذبةً
أُحاولُها صِدقاً، بذلكَ يُغفَرُ!

ويَكفي كثيراً أنَّ باباً طرقتُهُ
إذا بصَدَى الإيقاعِ بالقلبِ يَنقُرُ

وأنَّ التي لم تأتِني أهدَرَتْ دمي
فسالَتْ جُموعٌ قبلُ لم يَتَحرَّرُوا

وأنَّ أغانيَّ الحَيارَى أحَطنَني

وهِمْنَ شُموعاً، والليالي تُدَثِّرُ

أكُنَّ ظلاماً بعضُهُ فوقَ بعضِهِ؟

أيَعلو بنا الموجُ الجسورُ ويَمكُرُ؟

– حبيبي، صباحُ الخير..

كُنتَ تشُدُّني إليكَ، وتَهذي أنْ أراحَكَ خنجَرُ

- كأنّي انتهيتُ الآنَ قبلَ هنيهةٍ
وتلكَ يدُ الذكرى خلاليَ تَعبرُ

كأنّي احتضنتُ الموتَ فيكِ حبيبتي
فعُمريَ مَهْما طالَ قُربَكِ يَقصُرُ!

5

ياءْ

صوتُ نداءْ:

هاتِ يديكَ وقلبَكَ ودفاترَكَ البيضاءْ..

صخبٌ في هَمْسِ الصحراءْ..

أصداءُ الأصداءْ..

صوتٌ يملأ كلَّ الأرجاءْ..

أصواتٌ وهلاوس

ياءْ..

صوتُ شتاءْ..

ارتوت الأسماءْ

وأتَى الوحيُ على قلبِ الطفلِ،

ولكنْ.. غادرَهُ الشُّعراءْ!

ياءْ..

ينطقُ بالطيرِ

يَنوحُ ويفرحُ كالطيرِ

يُرفرفُ من ولهٍ أو فَزَعٍ كالطيرِ

ولم تَحفُلْ بالعينينِ سماءْ!

ياءْ..

صوتُ دماءْ

دَويٌّ يَسقُطُ في صَمتٍ

أبوابٌ أسبابٌ تُفتحُ للحربِ

وأقدامٌ تُرسِلُ من وجعِ الرملِ هباءْ!

ياءْ..

صوتُ عُواءْ

ما هذي الأجواءْ؟

أين حبيبتيَ السمراءْ؟

ما الصخبُ المُتداوَلُ حولَ ذراعَينا؟

ومتى انفَضَّ سلامُ يدَينا

وتفجَّرَ بالصمتِ هَواءْ؟!

ياءْ..

صوتُ بكاءْ

كيفَ الطلقةُ تعبُرُ دونَ لقاءْ؟!

ياءْ

صوتُ غناءْ

ولدٌ يكتُبُ شِعراً: «عَيناكِ»..

فأبصرَ عَينيها جَمرَتَينِ، ومحضَ ضياءْ..

ولكي يجدَ الظلُّ مَحَلاً من دمِهِ..

كي يجدَ ظلامٌ مَعناهُ..

أبصرَ قلبَ الأشياءْ

أبصرَ من شَجرٍ أشلاءْ!

ياءْ

اختَنَقَ الصوتُ،

تَحجَّرَ فيكِ الصوتُ،

وغِيضَ الماءْ..

غِيضَ الماءْ!

أُهدهِدُها وأغني لتنام

نامي، كأنكِ رغبةٌ تنأى

هروباً، واحتماءً بالغيابْ

نامي، كأنكِ فِكرةٌ لا تَستجيبُ

ولا تحثُّ على الذهابْ

نامي، كأنكِ – يا سليلةَ عُنفواني –

بُقعتانِ على الثيابْ

نامي كخطوتيَ البعيدةِ

بين لافتةٍ وبابْ

نامي، وسمِّي وَحدتي

– بين اضطرابٍ واغترابْ –

«عَرَض انسحابْ»

نامي بموقِديَ النُّحاسيِّ الذي

مَلَّ اشتعالَكِ بي وأعوادَ الثِّقابْ

نامي بمِدفأتي هواءً ساخناً

ودَعِي لأنفاسي مزاميرَ الشِّعابْ

نامي شتاءً عالقاً بالأغنياتِ

ولا تَذوبي في الترابْ

نامي؛ لتبقَى سُكنةٌ بينَ السحابْ

نامي ولا تأسَي على الحُلمِ الذي

مثلَ الغُرابْ

قد حلَّ في البَيتِ الخرابْ

نامي بـ«لا وَعيٍ» الأهالي والصِّحابْ

نامي بكاساتِ المُلوكِ؛

ليلهوَ المنفَى، وتَنعتِقَ الرِّقابْ

نامي بعيداً عن صحاري شَهوتي؛

كي لا تُحاوطَكِ الذئابْ

نامي بهُدْبٍ لا تَلألأُ بالدموعِ،

ولا يُلمِّعُها السرابْ

نامي بآخِرتي؛

فلي أسطورةٌ أخرى،

ولي هذا الكتابْ.

لأنَّ حبيبتي نامت

لهذا أنتَ حُرٌّ أيها السقفُ
فقَدْ لانَ الحديدُ ونالَهُ الخوفُ

لهذا صارَ قلبي فِكرةً بيدي
وداعاً حيثُ لا نايٌ ولا السيفُ

تفرُّ من الأغاني الطيرُ خائفةً
من المعنى القريبِ، وينشزُ العزفُ

تمرُّ بلادُنا مرَّ السحابِ على خواطِرِنا،
ويخفُتُ في اسمِها الطيفُ

لَبِثنا كم لَبِثنا أيها الكهفُ
تبدَّلت الأغاني، قومُنا غُلْفُ

أنا ورفاقُ حلمٍ واحدٍ
جئنا فُرادَى يا ديارُ،
ودونَنا القصفُ

سيَجرفُني السلامُ على مُخيّلتي

وأغربُ عن جدارٍ شفَّه الحتفُ

سيجرفُني الكلامُ وتنتهي الدنيا

لأنَّ حبيبتي نامَت، ولم أغفُ!

يُحدِّقُ في حَقْلِهِ المُتآكِلِ

طائِراتٌ تَطِنُّ

وتُقلِعُ نحوَ النَّوافذِ مثلَ البَعوضِ،

وحيثُ ينامُ تُحلِّقُ فوقَ السريرِ،

وفي قِمَمٍ لخيالاتِهِ شاهقةْ..

به أثرٌ للرَّصاصِ،

به نُدَبٌ كالفراشِ بهامَتِهِ المُورِقةْ.

ماشياً قافزاً ساقطَا

سابحاً صاعداً هابطَا..

يُحاولُ أنْ يَخرِقَ الأرضَ؛

كي تبلُغَ البحرَ أغنيةٌ

بخُطىً غارقةْ!

ضَحِكاً أسوداً

صارت الفكرةُ المَشهديَّةُ

صارَ على شاعرٍ أنْ يُعِدَّ لسُخريةٍ أروِقةْ..

سيُغادِرُ هذا الهواءَ

يُحدِّقُ في حقلِهِ المُتآكِلِ في نَظرةٍ مارِقَةْ

لا حَنونٍ ولا مُشفِقَةْ

سيُردِّدُ في ضِحكَةٍ: يا لها من حِكمَةٍ خارقةْ!

هكذا سينامُ،

وقد نامت الريحُ في فَمِهِ،

تمدَّدَ موتٌ على جِلدِهِ،

وارتخَتَ أعينٌ مُرهَقةْ..

في بلادٍ من الحُلْمِ مُؤتلقةْ..

بالهَوَى نَزِقةْ..

بالشموسِ التي غادرَتْ مُشرِقةْ..

هكذا سينامُ بعيداً

عن المَحرقةْ.

رايةُ الخوف

كلامٌ كثيرٌ لا يَعيهِ كلامُ

وصوتُكَ موسيقى.. يذوبُ غمامُ

وقلبُكَ موسيقى.. يطيرُ حمامُ

وروحُكَ موسيقى.. يطولُ سلامُ

لماذا تخافُ الآنَ؟

لا شيءَ ها هُنا..

تراخَتْ مواويلٌ، وفُضَّ زحامُ

– أخافُ خُطى القَتلَى على طريقتي

إذا امتثلوا للرَّقصِ حيثُ أقاموا

أخافُ شباباً ضائعاً في ضيائه

أخافُ ظلالي والصحابُ نِيامُ

جَناحانِ جَفناي، انتفاضَةُ نظرتي

شَهيدانِ من قَتلي وعَمَّ ظلامُ

أرفُّ كأنَّ الرايةَ انتَثَرتْ رُؤىً
ولا أرضَ لي حيثُ السماءُ رُكامُ

وُلِدتُ مِراراً في حُقُولِ قصيدتي
وفي عَبَثي ما لم يَصِفهُ نِظامُ

ومحضُكَ مُوسِيقَى.. أنا والكلامُ
كلامٌ كثيرٌ لا يَعيهِ كلامُ

علينا سلامُ الصمتِ والصوتِ والصدى
بداياتُنا مَنفَى، ونحنُ خِتامُ.

الفهرس